Histoires de logements

MDG consultants est fier de vous offrir le présent ouvrage qui a pour but d'expliquer suite à des cas réels, des conseils et des notions pertinentes à connaître par les propriétaires du Québec. Vous pourrez démystifier des façons de faire avec la Régie du logement, « loi » à connaître si vous habitez le Québec. Les locataires pourront aussi y trouver leur compte en apprenant leurs obligations et devoirs à respecter.

Ce guide pratique rempli d'astuces judicieuses vise à vous outiller en matière d'immobilier afin de vous aider comme propriétaire.

Régie du logement : https://www.rdl.gouv.qc.ca/fr

MDG consultants

mdgconsultants@hotmail.com

TABLE DES MATIÈRES

Cas 1 = Non-paiement de loyer — p.3

Cas 2 = Un locataire se sauve sans payer — p.13

Un déguerpissement en résumé — p.19

Les avantages d'un bon huissier — p.20

Réunion d'actions — p.23

Demande de priorisation au rôle — p.24

Organisation de vos dossiers — p.26

Cas 3 = Un locataire décède dans un logement — p.28

Trucs et astuces pêle-mêle — p.31

Références — p.34

Liste d'achats — p.35

Histoires de logements

CAS 1
NON-PAIEMENT DE LOYER

Un jeune couple loue un appartement de 4 pièces et ½ dans le semi-sous-sol d'un triplex. Une enquête de prélocation effectuée suggère que les deux personnes signent le bail, car madame a un mauvais crédit. Le bail est rédigé en prenant soin de spécifier que les deux locataires sont conjointement responsables. Des règlements concernant l'immeuble sont aussi lus et signés avant la signature du bail. Le couple donne 5 chèques postdatés au moment de la signature du bail et paie le 1er mois sur-le-champ. Au moment du dépôt du premier chèque: premier problème. Madame demande de ne pas déposer le 1er du mois. Finalement, ce premier chèque sera déposé le « 5 ». Par la suite, les 4 autres chèques seront sans fond. Malgré les demandes, les appels et les textos, une ribambelle de promesses et de mensonges suivront: « Je vais te rembourser au retour des impôts, j'attends une paie… ». Le propriétaire réussit à obtenir un petit montant en se présentant par surprise à la porte du logement un soir de semaine.

Bien sûr, une demande à la Régie du logement pour non-paiement de loyer a été soumise. La résiliation du bail et l'éviction des locataires ont été incluses dans la demande. Par la suite, cette demande a été signifiée par un huissier. Aucune réponse à l'adresse. À la date d'audience, aucun locataire ne s'est présenté. Suite au jugement en faveur du propriétaire, l'huissier a rencontré la locataire. Encore pleins de mensonges et de promesses… Toutefois, l'huissier d'expérience a tenu aussi à contacter monsieur le locataire. Madame a refusé. Comme le lieu de travail de monsieur était inscrit sur l'enquête de prélocation, l'huissier a réussi à joindre monsieur. À chaque mois, le jeune homme donnait le montant du loyer en argent comptant à sa conjointe. Celle-ci ne payait jamais la propriétaire. Imaginez l'étonnement de monsieur d'apprendre qu'il a une dette de plus de 6000 $ qu'il doit rembourser même s'il a déjà payé et qu'il serait évincé dans les jours suivants. Le couple s'était séparé, mais madame venait encore dans le logement. Elle volait monsieur, avait énormément de dettes et a fait faillite par la suite.

Dans ce dossier, il y a eu arrangements avec monsieur le locataire. Il s'est engagé à rembourser la dette à chaque semaine et a conservé le loyer qu'il appréciait.

Conseils pour locataires :

- Lisez votre bail, les règlements de votre immeuble s'il y en a et connaissez les règles.
- Payez toujours votre loyer le premier du mois.
- Demandez un reçu de paiement si vous payez comptant. Un reçu peut être un écrit sur n'importe quel papier.
- Vous êtes plusieurs au bail, demandez à voir la preuve que le loyer est payé.
- Outre l'argent et les chèques, il y a les virements bancaires sans frais si vous avez la même institution ou il existe maintenant les virements Interac qui ne requièrent qu'un numéro de téléphone ou une adresse courriel pour faire le virement presque instantanément.

- Une entente est toujours la meilleure solution en cas de problème!

  https://www.rdl.gouv.qc.ca/fr/etre-locataire/droits-et-obligations-du-locataire

Conseils pour propriétaire :

- N'attendez pas plusieurs mois de non-paiement ou de paiements en retard. Tout paiement non effectué le 1er est un paiement en retard. Un paiement non effectué avant le 21 est un non-paiement.
- À vous de décider si vous écoutez les raisons du locataire, mais rappelez-vous que votre institution financière ne vous laissera pas de chance pour votre paiement mensuel. Un immeuble à revenus est une entreprise; vous offrez des locations, pas des donations!
- Vous pouvez aussi vérifier ce qui est possible… Par exemple, un locataire qui vous dit avoir perdu son emploi, a-t'il une cessation d'emploi à vous montrer? Rien ne vous empêche d'appeler son employeur.

= Une demande à la Régie peut être faite en personne à leurs bureaux, en ligne ou par courrier. Les frais sont les mêmes. Par contre, en rencontrant un employé de la Régie au comptoir, vous aurez une multitude d'informations et vous pourrez présenter votre situation pour obtenir une aide précieuse concernant votre formulaire. Les employés de la Régie cumulent de l'expérience, guident mais ne donnent aucun conseil juridique. Tout nouveau propriétaire devrait consulter en personne pour ses premières demandes à la Régie. Prenez note que la seule façon de payer les frais d'une demande par carte de crédit est pour une demande en ligne. Votre demande doit satisfaire certains critères. Les demandes par la poste sont payables par chèque visé ou mandat postal ou bancaire fait au nom du ministre des Finances du Québec. En personne, aux bureaux de la régie, s'ajoute les options de payer comptant ou par carte débit.

https://www.rdl.gouv.qc.ca/fr/depot-d-une-demande/frais-exigibles
https://www.rdl.gouv.qc.ca/fr/services-en-ligne/votre-demande-en-ligne/soumettre-une-demande-en-ligne

Formulaire de demande relative au non-paiement de loyer

https://www.rdl.gouv.qc.ca/sites/default/files/65_0309.pdf

La clé du succès se trouve avant la signature du bail. Demandez une enquête de prélocation. Ce formulaire que le locataire accepte de remplir demande diverses coordonnées comme l'employeur ainsi que le dernier propriétaire. Demandez au futur locataire s'il accepte de vous montrer une preuve de revenus et des pièces d'identité avec adresse. Vous demandez! Sachez que la seule information que vous avez le droit d'exiger est la carte d'assurance maladie. Méfiez-vous si la personne n'a pas de pièces d'identité ou seulement une carte non officielle du club de bowling. Par contre, si la personne est de confiance et qu'elle désire votre logement, elle va collaborer.

Si l'enquête de prélocation n'a pas rejoint les références (employeur et propriétaire), faites-le. Prenez des notes. Est-ce qu'il y a des conflits avec ses voisins, pourquoi il quitte, a-t'il un véhicule, a t'il avisé son propriétaire qu'il cherche à partir…? Utilisez le site SOQUIJ pour vérifier le nom de votre futur client. Vous pourriez trouver des dossiers de Régie du logement en litige à son nom et même plus. Amusez-vous, tapez les noms dans Google ou dans Facebook, vous pourriez apprendre sur ces gens. Il y a aussi dans les bureaux de la Régie, des ordinateurs disponibles pour effectuer des recherches sur vos futurs locataires par un prénom, un nom, une adresse ou un numéro de demande à la régie. Soyez vigilant; Vickie, Vicky, Linda, Lynda, les noms de famille multiples et le nom de famille du mari: Fait réel : une locataire avait 8 causes à la Régie selon 8 noms légèrement modifiés. Via le site web de la régie, vous pouvez faire aussi des recherches par un code postal et une adresse. Internet deviendra votre allié!

GOOGLE : https://www.google.ca/

FACEBOOK : https://www.facebook.com/

SOQUIJ : http://citoyens.soquij.qc.ca/

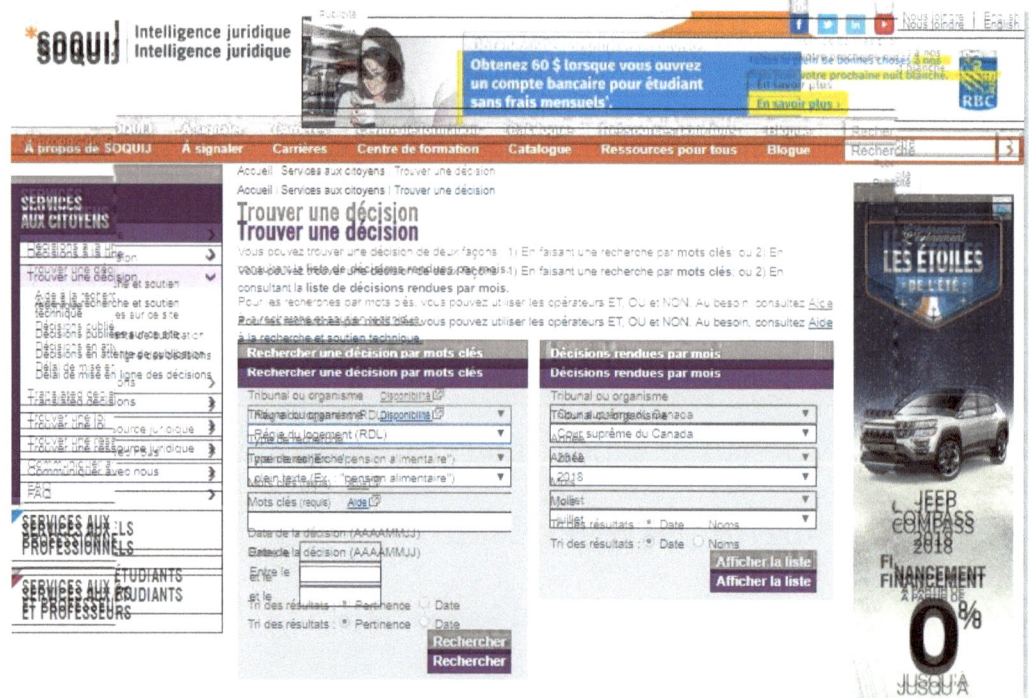

Régie du logement – Plumitif

https://www.rdl2.gouv.qc.ca/internet/asp/consultation-dossier/plumitif.asp

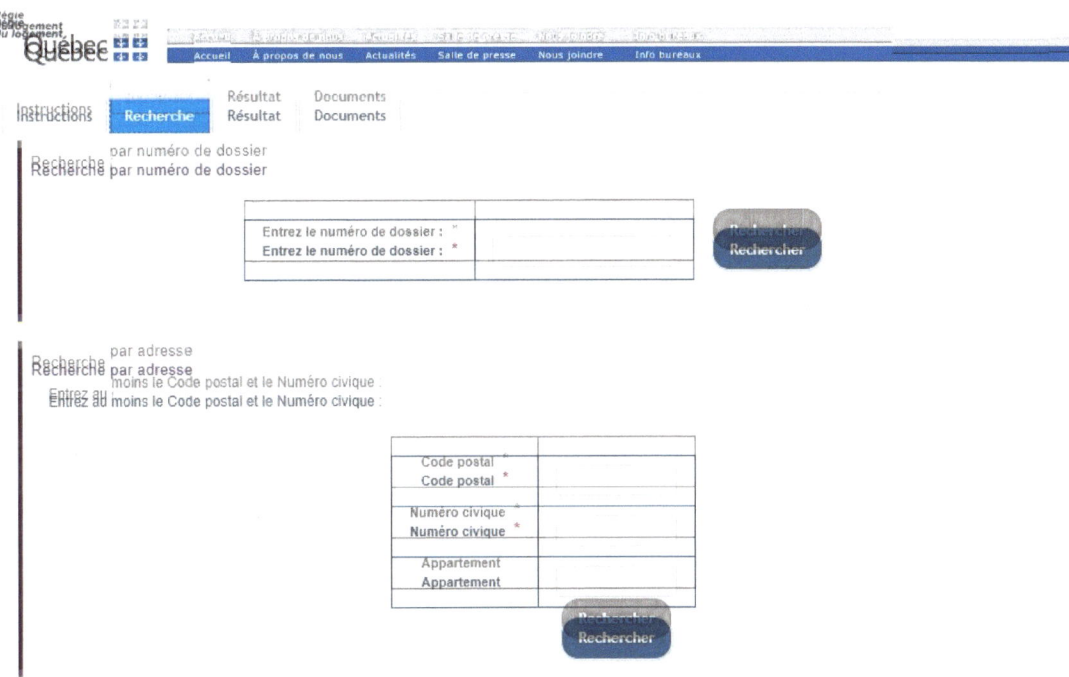

Avoir deux locataires conjointement responsables donne la possibilité de récupérer la totalité de son dû auprès d'un ou l'autre des locataires. Ajouter une personne qui veut cautionner est aussi une autre personne poursuivable pour vous rembourser.

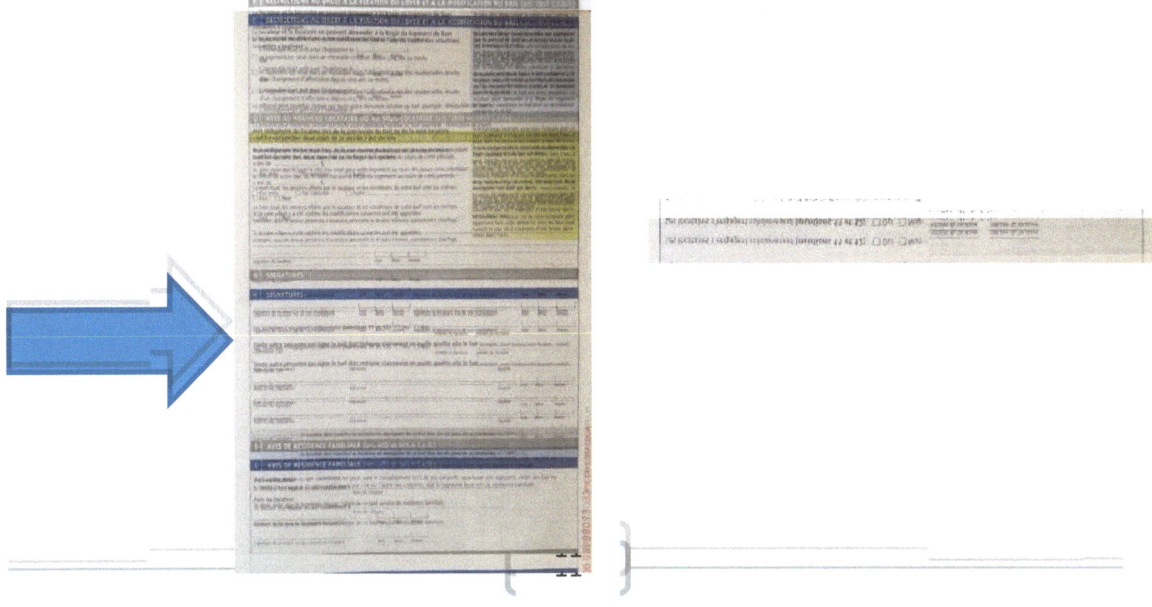

Vous avez le droit de demander le paiement du premier mois de loyer à la signature du bail. Ceci pourrait aussi vous donner des indices sur la capacité de payer du locataire et les réactions à cette demande vous parleront. C'est votre droit, pour le 1er mois seulement et c'est inscrit sur le bail.

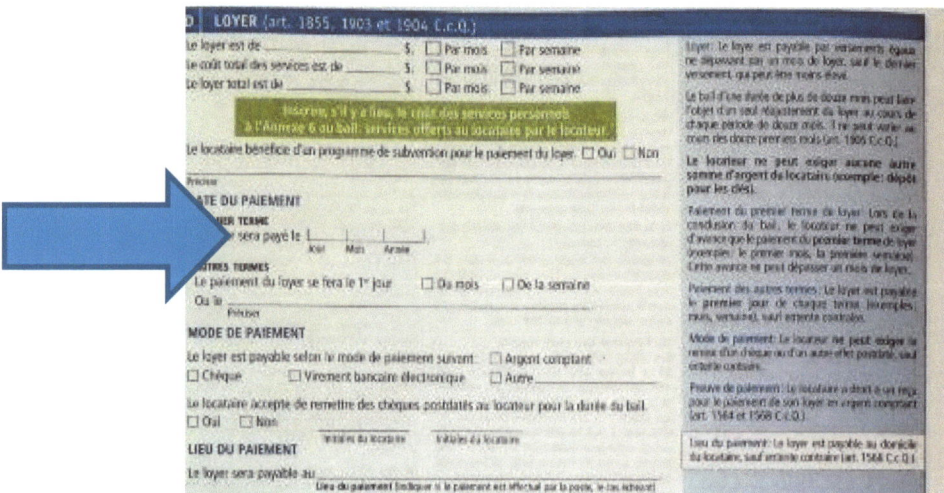

Rédigez un reçu lors des paiements comptants. Il existe des livrets de reçus dans les magasins à un dollar. Ces livrets disposent d'une copie carbone qui reste en votre possession. Un reçu peut aussi être rédigé sur n'importe quel papier. Gardez-vous une copie en prenant une photo de votre écrit si vous n'aviez pas de livret de reçus avec vous.

https://www.rdl.gouv.qc.ca/fr/etre-locataire/paiement-du-loyer

CAS 2

UN LOCATAIRE SE SAUVE SANS PAYER

Madame Jobidon loue un logement de 4 pièces et 1/2 depuis 10 ans, seule avec son fils. Son fils ayant obtenu la majorité, ses revenus ont diminué grandement sans les prestations gouvernementales. Elle décide donc de ne plus payer son loyer pendant quelques mois avant de se sauver sans en parler. Par chance, pendant son « non-paiement de loyer », une demande est déposée à la Régie.

Un locataire qui se sauve sans avoir payé son loyer n'est pas le même cas qu'un locataire toujours dans son logement qui ne paie pas. La nuance est très importante. Le propriétaire n'a aucun droit d'entrer dans un logement, à moins d'une urgence majeure, si le locataire n'a pas remis sa clé ou avisé formellement qu'il quittait le logement suite à une entente. Le propriétaire doit obtenir la permission via la Régie du logement dans le cas d'une incertitude. Le logement est vide, le courrier n'est plus récupéré, le locataire n'est pas vu dans l'immeuble, des locataires l'ont vu déménager ou il l'a dit, il ne répond plus aux appels, etc. Il s'agit d'un déguerpissement. Gardez-vous des notes de vos raisons… Imaginez que votre locataire était seulement hospitalisé ou emprisonné; il pourrait vous poursuivre à son retour pour avoir sorti ses effets et avoir reloué son logement.

Comprendre de façon simple comment fonctionne un déguerpissement:

Tout d'abord, vous arrivez à votre logement et le locataire s'est sauvé. Si vous pouvez prouver que le logement est inutilisé parce qu'il n'y a plus de biens, plus de rideaux dans les fenêtres, le logement est vide, il y a plein de courrier dans la boîte aux lettres, c'est alors l'article 1975 du Code civil qui vous permet de reprendre possession de votre logement.

1975. Le bail est résilié de plein droit lorsque, sans motif, un locataire déguerpit en emportant ses effets mobiliers; il peut être résilié, sans autre motif, lorsque le logement est impropre à l'habitation et que le locataire l'abandonne sans en aviser le locateur.

NETTOYEZ!

Présentez-vous sur place avec un témoin. Prenez des photos de l'état du logement lors de votre entrée ainsi que des dommages à réparer s'il y a lieu. Faites le ménage et tentez de relouer votre logement.

Conservez précieusement toutes les preuves de dépenses engendrées par ce ménage; l'électricité payée pendant que le logement est vacant, les annonces dans les médias et toutes autres dépenses assumées jusqu'à ce que le logement soit loué même si celui-ci n'est reloué que dans 10 mois. La facturation de l'électricité tombera à votre charge et ces frais sont aussi admissibles. Vous pourrez réclamer à ce locataire une indemnité pour ces loyers perdus avant de relouer ainsi que toutes les dépenses engendrées dues à son départ jusqu'à la concurrence de la fin du bail actif. Par exemple, un locataire qui se sauve en septembre durant un bail de juillet à juin, les loyers non payés jusqu'en juin seront réclamables. Il est responsable du bail complet, mais pas plus.

RELOUEZ!

Relouez votre logement le plus rapidement possible et assurez-vous de pouvoir démontrer vos démarches pour louer (copies des annonces gratuites ou payantes, photo d'une affiche à louer dans une fenêtre, etc.). Votre devoir est de tenter de relouer le logement à une autre personne dans les plus brefs délais. Conservez des preuves de vos annonces payantes ou non; elles seront probablement demandées à la cour. Ajoutez aussi le nouveau bail dans votre dossier pour l'audience, le régisseur peut demander à le voir.

LOCALISEZ!
Par la suite, embauchez une entreprise de localisation pour trouver la nouvelle adresse de votre locataire fuyard. Conservez cette facture.

CALCULEZ!
Calculez toutes vos dépenses incluant les mois de loyer perdus.

SIGNIFIEZ!
Faites-lui parvenir une mise en demeure pour l'aviser que vous lui laissez 10 jours pour payer la totalité de vos pertes sinon vous porterez plainte à la régie du logement. Faites cet envoi par courrier recommandé ou signifié par huissier. Conservez précieusement la facture ainsi que le rapport de signification ou la preuve de réception de l'envoi. Voir les astuces à ce sujet sous « Les avantages d'avoir un bon huissier ». Lui signifier une mise en demeure favorisera le remboursement des frais de la demande à la régie parce que vous pourrez démontrer vos tentatives de régler à l'amiable sans recours à la cour.

SIGNALEZ!

Présentez-vous à la régie du logement et signalez le déguerpissement en déposant une demande en indemnité de relocation et dommages. Vous aurez aussi à signifier une copie de la demande faite à la régie. Par la suite, si le locataire déménage de nouveau, il sera de sa responsabilité de vérifier avec la régie la date des procédures qui suivront. Vous n'aurez plus à faire de signification aux locataires sauf si vous portez un changement à la demande comme un amendement. Signifiez donc votre demande le plus rapidement possible. Parfois, la régie est plus rapide que ce que l'on prévoit et l'avis d'audition arrive tôt. De plus, les locataires fuyeurs chroniques auront à être responsables et suivre leur dossier de près. À ce jour, ce formulaire ne peut être soumis en ligne.

Formulaire de demande en indemnité de relocalisation et dommages

https://www.rdl.gouv.qc.ca/sites/default/files/66_1706.pdf

UN DÉGUERPISSEMENT EN RÉSUMÉ

1- Nettoyez
2- Relouez
3- Localisez
4- Calculez
5- Signifiez la mise en demeure
6- Signalez à la régie
7- Signifiez la demande

LES AVANTAGES D'AVOIR UN BON HUISSIER…

Les avantages de faire signifier un document par un huissier ne sont pas négligeables. L'huissier peut se permettre de laisser le document chez votre locataire sans le rencontrer en personne, à une autre personne sur place ou même dans la boîte aux lettres. Il tentera de le localiser pour lui remettre en mains propres toutefois, s'il n'y arrive pas, la loi reconnaît la signification par huissier comme officielle. Donc, le locataire qui refuse continuellement de répondre à l'huissier, ne pourra pas s'en sortir, car le document pourra être laissé dans l'entremise (le huis) de sa porte ou dans sa boîte aux lettres et sera considéré comme signifié.

Envoyer une lettre par courrier recommandé est aussi une option par contre, vous aurez à prouver à la régie que le récipiendaire a bien récupéré l'envoi. Le locataire devra avoir signé la réception de votre courrier envoyé. Plusieurs locataires font fi des avis de Postes Canada demandant d'aller réclamer du courrier. De plus, c'est vous qui devrez assurer la démarche pour confirmer l'envoi et sa réception. Aussi, utiliser un huissier peut vous permettre de vous procurer des informations supplémentaires étant donné que l'huissier discutera possiblement avec votre locataire problématique. Vous pourriez même, dans le cas où c'est pertinent, assigner votre huissier à la régie du logement dans le cas où celui-ci a été témoin de vos problématiques vécues avec votre locataire ou a quelque chose de particulier à témoigner en votre faveur. Vous pouvez aussi aller porter la demande en personne, accompagné d'un témoin. Dans l'idéal, faites signer une preuve de remise par votre locataire.

Exemple de texte :

Moi, monsieur LOCATAIRE, confirme avoir reçu la demande #12345 à la régie du logement par mon propriétaire, monsieur PROPRIÉTAIRE.

Monsieur LOCATAIRE : _____ (signature)

Monsieur PROPRIÉTAIRE : _____ (signature)

Monsieur TÉMOIN : _____ (signature)

Date :

Lieu :

Votre témoin devra être présent à l'audience. C'est à vous de juger si votre temps, votre déplacement et la possibilité de gérer un conflit pour vous et votre témoin valent le coût de payer un huissier.

Chambre des huissiers de justice du Québec : http://www.chjq.ca/Accueil

Exemple de rapport de signification d'un huissier

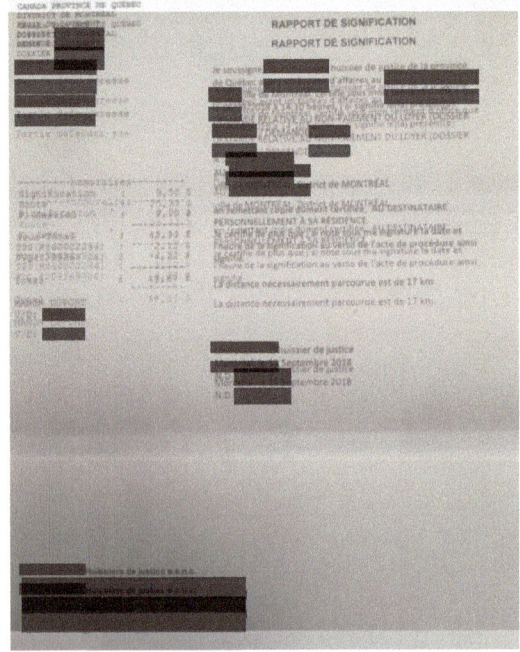

Exemple d'avis d'audition de la Régie du logement

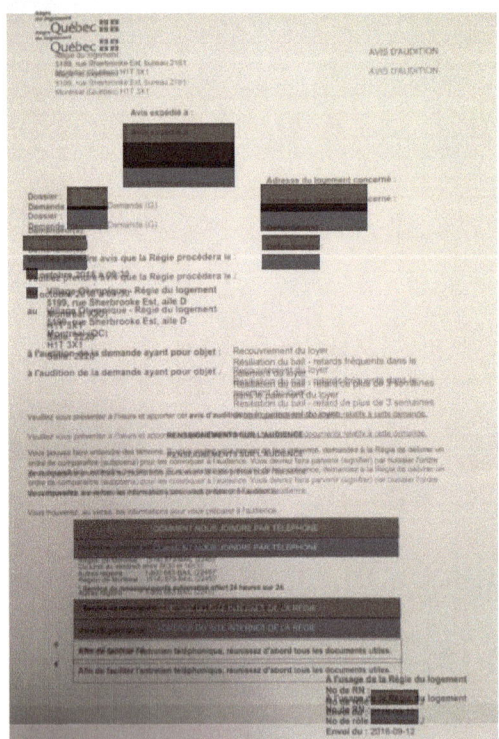

RÉUNION D'ACTIONS

Vous avez fait une demande à la régie contre un de vos locataires. Lorsqu'il a reçu votre signification de la plainte, il a décidé de porter plainte contre vous. Il vous a fait signifier, lui aussi, sa demande. Vous pouvez demander gratuitement à la régie du logement une réunion d'actions. Aux bureaux de la régie, l'employé rédigera un rapport demandant de jumeler les deux plaintes afin que celles-ci soient traitées dans une même date d'audience. Notez que vous aurez à signifier cette demande à votre locataire. Par contre, possiblement à votre avantage, vous n'aurez qu'à vous déplacer une seule fois pour couvrir les deux dossiers similaires. La même chose si vous avez des témoins à assigner, ils ne se déplaceront qu'une seule fois. Votre locataire recevant la demande de réunion d'actions ne peut pas vraiment s'objecter. C'est à la discrétion de la régie du logement d'accepter ou non de jumeler les deux dossiers.

DEMANDE DE PRIORISATION AU RÔLE

Vous avez un dossier très exigeant qui implique beaucoup de locataires et qui pourrait mettre en danger des êtres humains. La seule façon de faire passer le dossier plus rapidement à la régie est de demander une mise au rôle en urgence. Il vous faudra écrire une lettre à la régie du logement en expliquant les motifs pour lesquels vous jugez que votre demande devrait être entendue plus rapidement. Pour la résiliation de bail, les délais peuvent dépasser une année d'attente avant de comparaître. Certains corps de police acceptent de remplir un document qui s'appelle « demande de traitement urgent », en d'autres mots, une lettre du corps de police attestant que les policiers sont régulièrement demandés à l'adresse concernée. Cette lettre peut être jumelée à votre demande de mise au rôle en urgence pour appuyer vos dires de façon neutre. Vous pourriez aussi demander une lettre de la ville, du service des incendies, d'Urgence-Santé, d'Hydro-Québec, etc. si votre locataire a dérangé ces services de façons non justifiées.

Cinq catégories de traitement existent à la régie :

       1 Non-paiement de loyer
       2 Fixation et révision
       3 Causes civiles urgentes
       4 Causes civiles prioritaires
       5 Causes civiles générales

Le maître des rôles a la responsabilité d'établir la priorité des dossiers selon divers critères d'évaluation. Selon la catégorie de votre demande, les délais avant l'audience varieront.

https://www.rdl.gouv.qc.ca/fr/depot-d-une-demande/mise-au-role-d-une-demande

ORGANISATION DE VOS DOSSIERS

Utilisez un code de couleur pour vos dossiers. Par exemple, chaque adresse possède une fiche mauve qui s'intitule BAUX-1234 Notre-Dame. Laissez-y le bail actuel à droite du dossier et à gauche, les anciens baux fixés avec attaches à broche (exemple : Acco-press). Ajoutez aussi dans cette fiche, le formulaire de renseignements initial que le locataire a rempli pour procéder à une vérification de prélocation ainsi que le résultat de cette enquête. Ajoutez une feuille vierge sur laquelle vous inscrirez des données supplémentaires recueillies au fil du temps. Par exemple, si la personne s'est identifiée avec un permis de conduire à la signature du bail ou à l'application de prélocation, inscrivez les renseignements supplémentaires fournis tels que l'ancienne adresse, la date de naissance, etc. Certains locataires arriveront en voiture dont vous verrez la plaque d'immatriculation, la marque et le modèle du véhicule. D'autres vous diront qu'ils ont des allergies ou des enfants.

Quand la situation d'un locataire devient problématique et qu'une demande à la régie est nécessaire, ouvrez un dossier de couleur rouge. Intitulez-le : « RÉGIE-nom du locataire et l'adresse ». Placez à l'intérieur de ce dossier le bail réel du locataire et laissez une copie dans votre dossier mauve. Faites une copie de toutes les informations que vous avez cumulées (mentionné précédemment) pour le dossier Régie. Joignez les factures engendrées par les dommages causés ou encore vos démarches effectuées pour calculer la dette des non-paiements. N'oubliez pas de faire des photocopies des frais bancaires assumés concernant la situation. Placez ces documents du côté droit du dossier et le côté gauche cartonné vous permettra d'inscrire une chronologie du dossier.

Exemples de notes au côté gauche :
2018-07-01 : Non-paiement du loyer du mois de juillet de 750$
2018-07-03 : Appel téléphonique au (123) 456-7890 à 17h15 et 20h30 (sans réponse; pas de répondeur)
2018-07-05 : Message envoyé par texto de me rappeler (sans réponse)
2018-07-08 : Dossier ouvert à la régie
2018-07-10 : Plainte signifiée par huissier; locataire absent

CAS 3
UN LOCATAIRE DÉCÈDE DANS UN LOGEMENT.

Monsieur Lachapelle, 70 ans, habite seul depuis 15 ans dans un 1 et ½. Il ne répond plus aux appels, textos ni courriels depuis une semaine. Il ne répond pas à la sonnette ni quand on cogne à sa porte qui est verrouillée. Les voisins ne l'ont pas vu depuis une semaine et le courrier s'accumule dans la boîte aux lettres. Le propriétaire se rend sur place et s'identifie en cognant à la porte. Il ouvre le logement et trouve le corps du locataire au sol.

Quoi faire?

Appelez le 911. Selon la situation, le répartiteur de la centrale d'urgences vous dictera quoi faire. Si le corps de la personne est une mort évidente, c'est la police qui viendra constater et fera le suivi adéquat avec le coroner et la morgue. Sinon, ce sera les services ambulanciers qui prendront charge du corps et qui assureront le suivi. Ce que vous pouvez faire pour faciliter le travail de ces gens est de rassembler la carte d'assurance-maladie du locataire si elle est facile d'accès avec un carnet d'adresses ou cellulaire de la personne pour donner des coordonnées de la famille aux services d'urgence.

N'appelez pas vous-même la famille pour annoncer la mauvaise nouvelle. Les policiers ont des techniques et une formation pour faire ces annonces en personne. Notez le numéro d'événement des policiers et donnez votre permission à ceux-ci pour qu'il laisse votre numéro de téléphone à la famille afin de régler le bail.

Selon la loi, la succession devra vous aviser officiellement du décès et devra assumer les mois de loyer jusqu'à deux mois après l'avis à moins d'une entente. Si la famille refuse la succession, ce sera le gouvernement qui prendra charge de la suite.

Théoriquement, vous devez faire un inventaire des biens, entreposer le tout et aviser le gouvernement que vous renoncez aux biens. Ce sont eux qui viendront en prendre charge, mais en réalité, je ne connais aucun propriétaire dont les biens ont été récupérés à ce jour. Alors, pensez-y avant de vous engendrer des dépenses d'entreposage. De plus, à moins que votre locataire avait prévu des virements automatiques, dès son décès, le gouvernement ne s'assurera pas de vous verser les deux mois de loyers. Vous devrez donc absorber cette perte, mais elle diminuera vos revenus aux yeux de l'impôt.

http://www4.gouv.qc.ca/FR/Portail/Citoyens/Evenements/deces/Pages/resiliation-bail.aspx

Si le corps est resté sur place pendant une longue période de temps, vous pouvez verser du café instantané dans le logement sur un comptoir par exemple. Le café absorbe les odeurs. Vous pouvez aussi vous appliquer de l'onguent à la menthe de type « Vicks » sous le nez et porter un masque pour entrer dans le logement. Vous pouvez ajouter des gouttes d'huile essentielle de lavande sur les ampoules électriques, ceci donnera une meilleure odeur lors de l'éclairage. Il existe aussi des purificateurs d'air et des entreprises spécialisées en nettoyage. Ces achats sont aussi déductibles en dépenses d'opération de votre immeuble, car vous pouvez les justifier.

TRUCS ET ASTUCES PÊLE-MÊLE…

> Demandez à vos nouveaux locataires de vous envoyer le numéro de confirmation d'activation d'Hydro-Québec avant de leur remettre les clés du logement. Celui-ci vous assurera que l'électricité ne tombera pas à votre charge comme propriétaire entre deux locations dû à un oubli. Vous pouvez aussi suivre vos mouvements via l'Espace client, un lien web d'Hydro-Québec. Il existe aussi un formulaire de désistement Hydro-Québec que vous pouvez faire signer à un locataire pour qu'il assume sa consommation même de façon rétroactive.

Espace client Hydro-Québec

https://www.hydroquebec.com/portail/web/clientele/authentification?p_p_state=maximized&p_p_mode=view&saveLastPath=0&_58_struts_action=%2Flogin%2Flogin&p_p_id=58&p_p_lifecycle=0&_58_redirect=%2Fportail%2Ffr%2Fgroup%2Fclientele%2Fgerer-mon-compte

Formulaire 963-3755 d'Hydro-Québec

- Tout jugement est récupérable pendant 10 ans! Quelqu'un non solvable actuellement peut le devenir avec le temps…

- Certaines entreprises de localisation de personne offrent dans leurs forfaits une mise à jour de l'enquête gratuitement à l'intérieur de 2 ans. Informez-vous!

➤ Si vous changez les frais réclamés dans une demande de la régie, vous devez faire un amendement avec vos correctifs. La bonne nouvelle est que l'amendement est sans frais à la Régie, mais il faudra aussi le signifier. Si vous attendez à la cour pour demander plus, le régisseur pourrait refuser votre demande.

➤ Le formulaire rempli aux bureaux de la régie est votre responsabilité. Le commis sur place vous assiste, mais c'est à vous de vous assurer que les cases requises sont remplies et le sont correctement. Ne prenez rien pour acquis!

RÉFÉRENCES

Code civil du Québec : https://amzn.to/2EJsED0

Site internet de la Régie du logement

https://www.rdl.gouv.qc.ca/fr

Site de la Chambre des huissiers de justice du Québec

http://www.chjq.ca/fr/fonction-d-huissier-de-justice_45.html

Site officiel du gouvernement du Québec

https://www.quebec.ca/

Site d'Hydro-Québec

http://www.hydroquebec.com/residentiel/

Site de la société québécoise d'information juridique

https://soquij.qc.ca/

LIENS D'ACHATS

Carnet de reçus
https://amzn.to/2NRjNhS

Dossier format légal couleur ivoire paquet de 100:
https://amzn.to/2EJpsro

Dossier format légal couleur rouge paquet de 100:
https://amzn.to/2Exuh6H

Imprimante d'étiquettes Bymo
https://amzn.to/2yrw9IN

Étiquettes pour Bymo
https://amzn.to/2NM94FH

www.ingramcontent.com/pod-product-compliance
Lightning Source LLC
Chambersburg PA
CBHW051938210526
45473CB00006B/2289